À Jade...

20, rue Berbier-du-Mets - 75013 Paris
www.magnard.fr

Loi n° 49-956 du 16-07-1949 sur les publications destinées à la jeunesse.

Dépôt légal : octobre 2004 - N° d'éditeur : 2005/479
Photogravure : Atelier Fossard
Achevé d'imprimer en octobre 2005 par Pollina s.a., Luçon (France) - n° L98291

Lulu et le loup bleu

Daniel Picouly - Frédéric Pillot

Magnard Jeunesse

Lulu se promène dans la forêt joliette.
Elle se sent toute joyeuse et pimpette.
Car aujourd'hui : d'école, que nenni,
puisque c'est mercredi !

Soudain, Lulu entend rire dans son dos.

« Qui ose se moquer de Lulu ?
Qu'il se montre un peu,
que je le mange tout cru ! »

Personne !

Lulu croit devenir folle, car maintenant, c'est toute la forêt qui rigole !
Toute la gente animalière rit à sa manière :
Vapo le putois, comme un sac de noix ;
Blanche-Angine le rouge-gorge, à gorge déployée ; Bavouille l'escargot, comme un bossu ; Adonis le pou saute en se tenant les côtes ;
Vévé la coccinelle, comme une vieille crécelle...

Lulu n'y comprend rien, c'est à y perdre son lapin !

Que se passe-t-il donc ?

« C'est le loup ! C'est le loup !
s'étouffe Rien-ne-sert, le lièvre même pas roux.
— Un loup ? dit Lulu. Tu es devenu fou !
— Non, non, lui assurent ses amis,
c'est bien d'un vrai loup qu'il s'agit.
Un grand loup bleu, avec une longue queue,
de toutes petites dents, des yeux gentils
et une langue qui ne marche pas correctement. »

Lulu ne comprend rien à cette histoire
et décide d'aller y voir.

Lulu s'en va dans la forêt, Hé, Hé !
en chantant une petite chanson
qu'elle a inventée.

« Loup ! Loup ! Je suis Lulu.
Où es-tu ? Où es-tu ?
Loup ! Loup ! Je suis Lulu.
Où te caches-tu ? »

Alors, elle entend une grosse voix,
mais pas trop, qui lui répond :

« Lulu ! Je suis le loup.
Où es-tu ? Où est tout ?
Lulu ! Je suis le loup.
Où te caches-tout ? »

« C'est plutôt toi qui es caché !
Allez, montre-toi, si tu n'es pas un loup tout râpé ! »

Alors, un grand loup bleu
surgit devant Lulu.
Il ouvre la gueule et pousse...
un cri tout riquiqui :

« Hoû-oû... boû-boû...
boû... boû... »

Lulu le regarde, étonnée.
C'est la première fois
qu'elle voit un loup bégayer !

Elle ne peut s'empêcher de pouffer,
alors le loup, très, très vexé, se met à pleurer.

« Loup-Bleu, c'est Lulu !
Pourquoi pleures-tu ?
— B-B-Boûoûoûoûoû !!!
— Tu t'es perdu ?
— B-B-Boûoûoûoûoû !!!
— Tu n'as pas eu ton quatre-heures ?
— B-B-Boûoûoûoûoû !!!
— Allez, dis-moi tes malheurs ! »

« Je-je bé-bégaye... d'accord !
— Oui, et alors ?
— Pou-pour un l-loup, ça fait pas... sé-sérieux.
Quand... je-je cr-crie, tou-tout le monde rit.
— Ce n'est pas méchant, quand on rigole.
— Si ! C'est... tré-très... gra-grave... »

Il montre à Lulu son livret d'école :
Que des « A », c'est génial !
Sauf un vilain « E » en expression orale.

« À-à cause... de-de cette note, boû !
Je-je vais rater... mon né-né...
mon examen de loup. »

Le loup bleu lui raconte tout :
s'il ne réussit pas à hurler
et à faire peur à la forêt entière,
alors il ratera son examen
et ne pourra pas rentrer chez ses parents.

Heureusement, Lulu a une idée secrète
dans sa petite tête de tortue pas bête.

« Loup-Bleu, cache-toi, ici !
Il faut que j'aille voir mes amis ! »

Dans la grande clairière printanière,
Lulu réunit ses amis.
Elle leur raconte la très triste histoire de Loup-Bleu
qui jamais ne retournera chez lui
s'il ne fait peur à personne, au moins un peu.

La forêt entière pleure, à présent.

« Que peut-on faire ? demande Bavouille l'escargot.
— Nous allons organiser
une grande trouille bleue !
La prochaine fois que le loup bleu
poussera son hurlement, nous ferons, tous,
semblant d'avoir peur. »

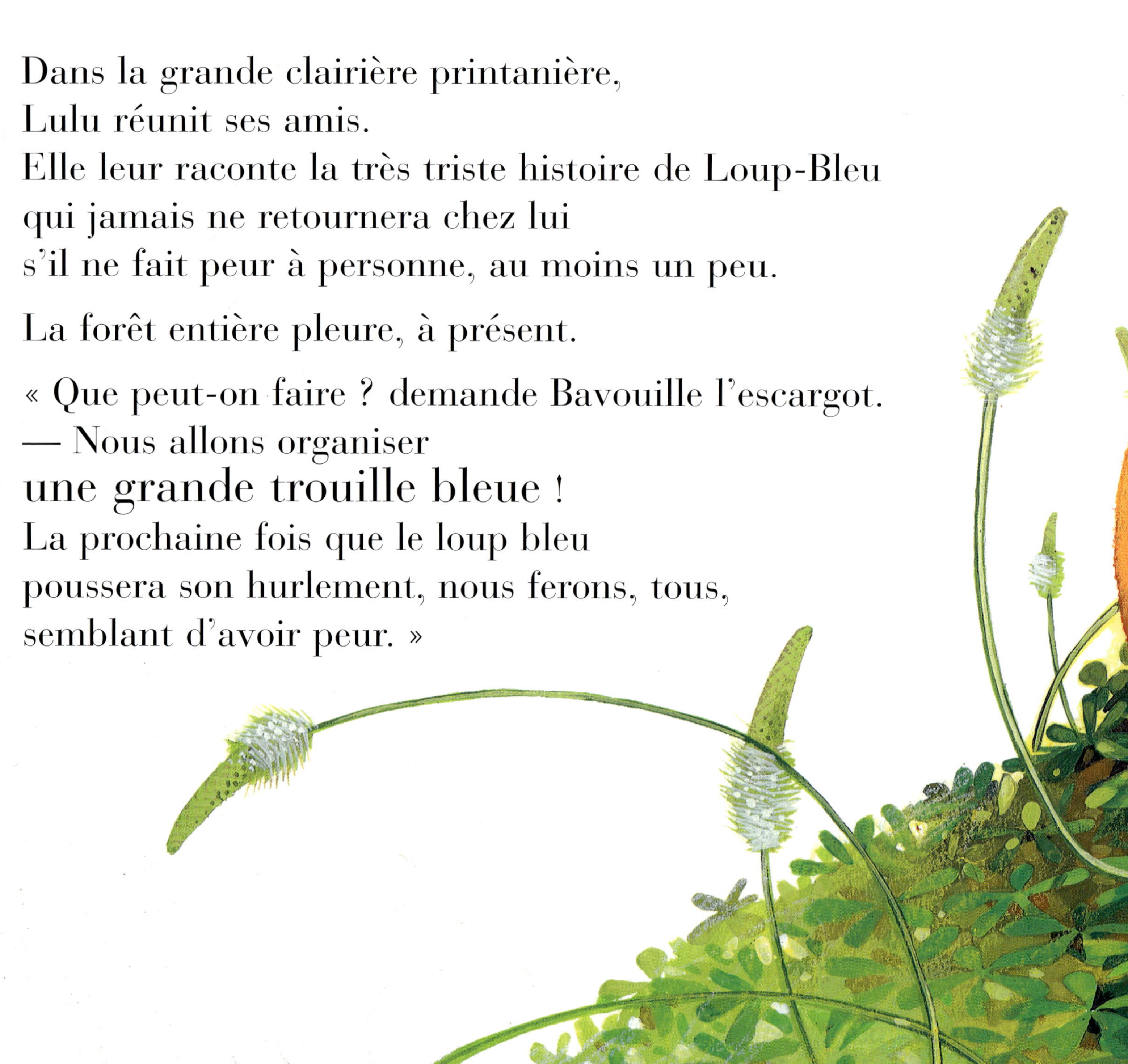

Tous les amis de Lulu applaudissent, sauf un :
Rien-ne-sert, le lièvre même pas roux.

« Faire semblant d'avoir peur, jamais ! »
Rien-ne-sert croise les bras
et prend son air têtu, grognon, buté.

Fédo la biche demande la parole :

« Moi, je dis, ce loup bleu, avant de l'aider,
il faut le rencontrer et lui parler. »

On lève pattes, ailes, antennes pour voter bien haut.
Tous les animaux sont d'accord avec Fédo !

Lulu et ses amis posent des questions au loup bleu :

« Loup-Bleu, as-tu déjà mangé des enfants ?
— Pa-pas du tout, du tout.
— Des faisans ?
— Pa-pas du tout, du tout.
— Des grenouilles ? Des libellules ? ou des escargots ?
— Du tout ! Je n'ai-n'aime que les ca-carottes râpées, les ha-haricots : les b-blancs, les r-rouges, les v-verts ! et les pâ-pâtes au gruyère ! »

« Ce loup nous plaît ! disent les amis de Lulu. C'est d'accord pour organiser une grande trouille bleue ! »

Aussitôt, si-do ! Chante-faux le rossignol apprend à Loup-Bleu à hurler en mesure. Une-deux ! Pendant que Lulu entraîne ses amis à avoir peur. Trois-quatre !

Bavouille mime une grosse trouille ; Fédo, les chocottes ! Tous, tous, tous font semblant. Sauf un : Rien-ne-sert, le lièvre même pas roux, qui refuse tout !

« Tant pis, on se passera de lui. Rendez-vous ce soir, à minuit ! »

Ding ! Dong ! Dang !
Il est minuit dans la clairière.
La lune luit comme un sou neuf.
Tous les amis de Lulu
s'amusent comme si de rien n'était.

Très, très cachés, derrière un gros chêne,
Loupi et Loupette, le papa et la maman
de Loup-Bleu, sont venus l'observer en secret.

Mais Loup-Bleu n'ose pas aller pousser son cri.
Il a le tric, le trac, le troc !
Ses genoux font ploc-ploc !

Alors, Lulu le pousse dans le dos.

Le loup bleu se retrouve en plein milieu
de la clairière, devant tous les amis de Lulu.

Alors, il prend une grande bouffée d'air
et pousse le cri le plus fort qu'il peut.
Un cri mi-loup, mi-rossignol.
Il a peur qu'on rigole.

Que nenni ! Que nenni !
Tout le monde s'évanouit.
Même Belotte et Rebelotte,
les belettes jumelles,
tombent dans les pommes
et les mirabelles.

Oh ! que les parents de Loup-Bleu
sont fiers d'avoir un fils si terrifiant...

Comme par miracle,
Loup-Bleu ne bégaye plus du tout.
Il parle comme moi et vous.

Loup-Bleu remercie
Lulu et ses amis de l'avoir guéri.

Avec ses parents, il repart au pays des vrais loups
qui font presque peur, pour devenir professeur.

Maintenant, il faut ranimer Rien-ne-sert,
le seul de la forêt à avoir eu vraiment peur.

Bras en croix, oreilles en « V »,
il est tout bleu.

Franchement, un lièvre bleu,
ça ne fait pas très sérieux !